AF390647

CATALOGUE

D'OBJETS DE LUXE

PRODUITS CURIEUX

ET

TABACS

PROVENANT DE

L'Exposition Ottomane

DE LA

ROUMANIE

DE

L'ALGÉRIE, DE L'ITALIE

ET DE

COLLECTIONS DIVERSES

DONT LA VENTE AUX ENCHÈRES PUBLIQUES AURA LIEU

EN L'HOTEL, RUES DROUOT & ROSSINI

SALLE N° 2

Les Lundi 2, Mardi 3, Vendredi 6 & Samedi 7 Décembre 1867

A UNE HEURE

Par le ministère de M° **BAUDRY**, Commissaire-Priseur, à Paris.
rue Neuve-des-Petits-Champs, 50,

Assisté de M. **DHIOS**, Expert, rue Le Peletier, 33.

CHEZ LESQUELS SE DÉLIVRENT LES CATALOGUES ET NOTICES.

EXPOSITION PUBLIQUE

Le Dimanche 1er Décembre 1867, de une heure à cinq heures

PARIS — 1867

MM. ... DHIOS

CATALOGUE

D'OBJETS DE LUXE

PRODUITS CURIEUX

ET

TABACS

PROVENANT DE

L'Exposition Ottomane

DE LA

ROUMANIE

DE

L'ALGÉRIE, DE L'ITALIE

ET DE

COLLECTIONS DIVERSES

DONT LA VENTE AUX ENCHÈRES PUBLIQUES AURA LIEU

EN L'HOTEL, RUES DROUOT & ROSSINI

SALLE N° 2

Les Lundi 2, Mardi 3, Vendredi 6 & Samedi 7 Décembre 1867

A UNE HEURE

Par le ministère de Me **BAUDRY**, Commissaire-Priseur, à Paris,
rue Neuve-des-Petits-Champs, 50,
Assisté de M. **DHIOS**, Expert, rue Le Peletier, 33,
CHEZ LESQUELS SE DÉLIVRENT LES CATALOGUES ET NOTICES.

EXPOSITION PUBLIQUE

Le DIMANCHE 1er Décembre 1867, de une heure à cinq heures.

PARIS — 1867

ROUMANIE

MEUBLES DE LUXE

Un Mobilier de chapelle en bois sculpté, avec dorures et peintures polychrômes, style byzantin moderne, usité en Orient dans les églises du rite grec.

Grande Vitrine.

Guéridon à colonnettes et à dôme.

Lutrin, Prie-Dieu et grands Candélabres.

Meuble de salon, en bois de noyer, style rustique, recouvert en cuir de mouton brodé à bouquets de fleurs et fruits en soie et chenille, composé d'un Canapé, deux Fauteuils, six Chaises, un Guéridon et une Console.

Un Lit à baldaquin, en chêne sculpté à Bucharest.

Un élégant Traîneau en fer, blanc, bleu et or, garni de velours bleu capitonné et fourrures d'hermine, avec avant-train mobile et ressorts de Jassy.

TAPIS

Tapis, Couvertures et Sacs en poil de chèvre, aux tissus rayés, dits **Prèche**, **Arare** et **Traïaté**.

Tapis de laine de tissus différents et à dispositions variées, appelées **Scortzes, Velintzes, Chrams** et **Plocades**.

Couvertures. de lit molletonnées.

TABACS

Tabacs en feuilles, provenant de graines turques, ayant toutes les qualités du tabac oriental, avec plus de force et de goût.

OUVRAGES EN SEL GEMME

Deux Bustes en sel gemme blanc, provenant des salines d'Ocna et de Slanitk, représentant S. M. l'Empereur des Français et S. A. S. le prince Charles Ier de Roumanie.

Les socles sont en sel gemme gris.

Guéridon sculpté et Veilleuses.

OBJETS DE FUMEURS

Bouquins de pipes en ambre noir et brun, provenant de la montagne de Sibicio.

« Cet ambre offre la particularité d'être d'une
« couleur brune qui, avec une grande variété
« de nuances, passe du jaune-orange ou rou-
« geâtre au noir à reflets verts. On l'extrait en
« quantités peu considérables, attendu que les
« blocs en sont très-rares. »

PELLETERIE

Fourrures de lynx et de renards, Martres Zibelines.

PEAUSSERIE

Peaux de loups, de renards, de lièvres, écureuils et autres animaux sauvages.

Cuirs tannés, Basanes et Maroquins.

ANIMAUX EMPAILLÉS

Un Ours brun, un groupe de Vautours, des Monts Karpathes, et deux Loups de steppe.

CORDERIE

Un immense Filet de pêche employé dans les eaux du Bas-Danube.

Échantillons de cordes fabriquées dans les Pénitenciers d'Ocna.

COSTUMES NATIONNAUX

Vêtements et Costumes populaires des deux sexes de la Roumanie.

Chapeaux et Chaussures de différentes formes.

DRAPS et TISSUS de toile, de soie, de laine.

Draps de diverses couleurs, fins et grossiers, pour vêtements.

Feutres.

Échantillons et Coupons de Toiles fabriquées dans les couvents et par les paysans.

Soies grèges et colorées.

Laines peintes.

AQUARELLES

Cinq Aquarelles encadrées, ayant pour sujets :

      1° Musiciens tziganes ;

      2° Bergers des Karpathes ;

      3° Foire de Riurein.

      4° Danse de l'ours.

      5° Danses nationales.

Vues de la Roumanie, avec stéréoscope.

OBJETS DIVERS

Boissellerie, Verrerie, Ustensiles de cuisine et autres articles non catalogués.

EMPIRE OTTOMAN

Un nombre considérable d'articles catalogués pour la première Vente, qui n'ont pas été mis aux enchères et qui consistent notamment en :

Meubles,

Tapis de Smyrne et de Koniah,

Tissus d'Ameublement,

Sellerie, Bourrellerie,

Pelleterie,

Grand nombre de Costumes nationaux, Habillements des deux sexes.

Fils et Tissus de soie, de coton, de lin, de laine peignée et de laine cardée.

Matériaux d'Art ayant servi à la construction des Édifices de l'Empire Ottoman au Champ-de-Mars.

(*Décorations de* M. Léon PARVILLÉE.)

MOSQUÉE

CÉRAMIQUE

Briques émaillées, types archéologiques des anciennes fabrications d'Asie-Mineure.

Reproductions de fragments de Yechiel-Djami et de Yechiel-Turbey, de Brousse.

Croisées avec frontons. *Mihrab*.

« Le Mihrab (sorte d'autel) à cause de son impor-
« tance, ne pourra être vendu que sur spécimens et
« sur photographies représentant son ensemble. »

VITRAUX

Mosaïques de verres de couleur dans des ornements sculptés en relief, semblables à ceux du Kiosque du Bosphore.

PLATRES

Copies des Moulages de Yéchiel-Djami. Croisées avec tympans et chambranles. — Pavillons d'angle.

MENUISERIE

21 pièces : Portes et Volets, recouverts d'ornements turcs, en partie argentés.

BAIN

CÉRAMIQUE

Tympan de la porte d'entrée.

GALERIE INTÉRIEURE DE L'EXPOSITION

CÉRAMIQUE

311 Morceaux, Frises, et Pilastres de deux modèles différents.

MENUISERIE & SCULPTURE

Grande façade en menuiserie richement décorée,
Arcatures, Colonnes, Chapiteaux, Stalactites.
Le tout peut être démonté et reposé.

ALGÉRIE

Un Ameublement mauresque de Chambre à coucher, aux formes curieuses, en bois peint, blanc et bleu, avec dorures et découpures originales, composé de : un grand Lit à colonnes sculptées, une Armoire à glace, une Commode et une Table de nuit à trois compartiments superposés.

ITALIE

Deux Statues, grandeur naturelle, en marbre de Carare. représentant :

1° **Ève.**

2° **Camille surpris par les Volsques.**

Ces Statues, très-remarquables, sont l'œuvre de M. Constantin PANDIANI, artiste milanais, et lui ont valu un grand prix à l'Académie des Beaux-Arts de Milan, où est conservé le modèle en plâtre de Camille.

Renou et Maulde, imprimeurs de la Compagnie des Commissaires-Priseurs, rue de Rivoli, 144.   9364

VENTE

PAR CONTINUATION, AUX ENCHÈRES PUBLIQUES

D'OBJETS DE LUXE

PRODUITS CURIEUX & TABACS

PROVENANT DE

L'Exposition Ottomane

DE LA

ROUMANIE

DE

L'ALGÉRIE, DE L'ITALIE

ET DE

COLLECTIONS DIVERSES

EN L'HOTEL, RUES DROUOT & ROSSINI
SALLE N° 2

Les Lundi 2, Mardi 3, Vendredi 6 & Samedi 7 Décembre 1867

À UNE HEURE

Par le ministère de Me **BAUDRY**, Commissaire-Priseur, à Paris,
rue Neuve-des-Petits-Champs, 50,
Assisté de M. **DHIOS**, Expert, rue Le Peletier, 33,
CHEZ LESQUELS SE DÉLIVRENT LES CATALOGUES ET LA PRÉSENTE NOTICE.

EXPOSITION PUBLIQUE

Le Dimanche 1er Décembre 1867, de une heure à cinq heures.

PARIS — 1867

CONDITIONS DE LA VENTE

Les Adjudicataires paieront, en sus des enchères, savoir :

1° Cinq pour cent applicables aux frais ;

2° Et Cinq pour cent pour couvrir les frais de douane.

NOTA

Les 4ᵉ, 5ᵉ, 6ᵉ et 7ᵉ Ventes des Objets provenant

DE L'EXPOSITION UNIVERSELLE

COMPRENDRONT

LES PRODUITS ET MEUBLES DE LUXE

Exposés par l'ITALIE

EMPIRE OTTOMAN

Meubles.

Tapis.

Tissus d'Ameublement.

Sellerie.

Costumes nationaux.

Fils et Tissus.

Matériaux d'Art, Céramique, Vitraux,
Plâtres, Menuiserie et Sculpture.

ALGÉRIE

Ameublement mauresque de chambre
à coucher.

ITALIE

2 Statues en marbre de Carare, de
M. PANDIANI, artiste milanais, représentant :

1° Ève;

2° Camille surpris par les Volsques.

Revol et Maulde, imprimeurs de la Compagnie des Commissaires-Priseurs,
rue de Rivoli, 144   936